ALPHONSE ET LÉONORE,

OU

L'HEUREUX PROCÈS,

COMÉDIE

EN UN ACTE ET EN PROSE,

MÊLÉE D'ARIETTES,

Représentée pour la première fois à Paris, sur le Théâtre de la rue Feydeau, le 9 frimaire, an 6.

Paroles de CHRISTIAN LE PRÉVOT D'IRAY,

Musique de GRESNICK.

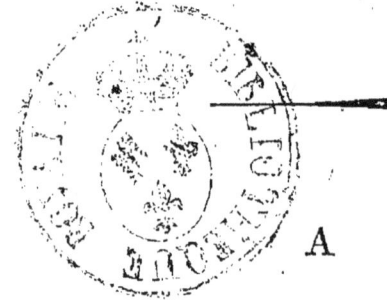

A PARIS,

Chez HUET, Libraire et Editeur de Pièces de Théâtre, rue Vivienne, N.º 8.

An VI. — 1798.

PERSONNAGES.   ACTEURS.

DE GERCOURT, jeune Veuve sous
le nom de Léonore.   Melle LE SAGE.

DE CLERVILLE, jeune Officier sous
le nom d'Alphonse.   M. LE BRUN.

ARISTE, Homme de Loi.   M. PRIMO.

JUSTINE, Suivante de Léonore.   Mme LE SAGE.

COMTOIS, Valet d'Alphonse.   M. LE SAGE.

La Scène est à Paris dans un Hôtel garni.

ALPHONSE et LÉONORE,

OU

L'HEUREUX PROCÈS,

COMÉDIE.

___

SCÈNE PREMIÈRE.

ALPHONSE *seul appelant.*

Comtois ?.... Comtois ?.... J'ignore où il est déjà, lorsqu'à peine descendu de voiture, je n'ai pas même eu le tems d'offrir mes services à cette jeune veuve qui paroît venir de Bordeaux, et que j'ai secourue si à propos dans la route. Secourir une femme charmante, pour un jeune officier Français, c'est une bonne fortune. O Léonore ! quel mélange de grâces et de vertus ! Que je me sais déjà bon gré d'avoir quitté Toulouse ! Obligé de déguiser mon nom pour venir plaider à Paris contre une parente qui ne m'est connue que par ses injustices à mon égard, je rencontre une personne aimable, qui, bien différente de M.me de Gercourt, semble s'être approprié toutes les qualités qui lui manquent. Que m'importent à présent M.me de Gercourt et mon procès ? Ne suis-je pas le plus fortuné des hommes ?....

A 2

RONDEAU.

Heureux transport des vrais amans,
Tendre délire, aimable ivresse,
Tu n'es plus que dans les romans,
Me suis-je dit avec tristesse ;
Et déjà maudissant le jour
Qui fut marqué par ma naissance,
En cessant de croire à l'amour,
Je cessois d'aimer l'existence.

Comme aux purs rayons du soleil
La terre s'ouvre et fructifie,
Notre ame éprouve un long sommeil,
Si l'amour ne la vivifie.
Du monde ôtez l'astre du jour,
Tout languit loin de sa présence :
Otez le flambeau de l'amour,
Je compte pour rien l'existence.

Comtois ?... Je crois pourtant l'entendre.... Comtois ?

SCÈNE II.

ALPHONSE, COMTOIS.

COMTOIS.

Me voilà, Monsieur.

ALPHONSE.

Tu m'as retenu un appartement dans cet hôtel ?

COMTOIS.

Oui, Monsieur.

ALPHONSE.

(*A part.*) Heureux mortel ! (*Haut.*) Mes malles sont détachées de la voiture ? mes papiers dans ma chambre ?

COMTOIS.

Oui , Monsieur.

ALPHONSE.

Je n'ai plus besoin de toi ici. Tu vas....

COMTOIS.

Me reposer. Ce n'est pas de refus.

ALPHONSE.

N'as-tu pas auparavant quelque chose de plus pressé à faire ?

COMTOIS.

De plus pressé ! oui. J'oubliois que le travail donne de l'appétit ; et quoique j'aie déjà déjeûné amplement sur la route , je me sens disposé à recommencer.

ALPHONSE.

Paresseux ! si je t'ai pris avec moi , ce n'est qu'à la sollicitation de ton père , mon honnête fermier , et il ne faut pas que mon extrême complaisance me soit à charge.

COMTOIS.

O Monsieur ! me voilà à Paris ; et quand on est amoureux, vous savez ce qui en est , vous , Monsieur... Cette jeune veuve et cette petite soubrette qui se sont trouvées là précisément... Mais quand j'y pense, c'est un bien beau trait de votre part.

ALPHONSE.

N'allez-vous pas m'apprendre ma propre aventure ?

A 3

COMTOIS.

Cette aimable Dame est en chaise de poste ; nous pressons le pas pour la rejoindre, c'est naturel !.. Son maudit postillon, pris de vin, est prêt à renverser la voiture ; vous vous en appercevez, c'est heureux !.. La Dame fait un cri, c'est dans l'ordre !.. Au risque de vous casser une jambe pour le moins, vous vous précipitez, vous vous élancez, vous la prenez dans vos bras... c'est touchant ! A peine a-t-elle entrevu le danger, qu'il ne subsiste plus : elle vous nomme son libérateur ; c'est sublime ! Pour moi, il n'y a pas moyen de m'empêcher d'y être sensible jusqu'aux larmes ; et si la peur ne m'eût saisi sur-le-champ, je me serois senti capable de vous imiter.

ALPHONSE.

Aurez-vous bientôt fini ? Voici une lettre que vous porterez à son adresse : elle est pour mon conseil.

COMTOIS.

Oui, pour l'ami du juge qui doit juger en dernier jugement....

ALPHONSE.

A merveille. Que vous ai-je recommandé ?

COMTOIS.

Je sais bien que Monsieur m'a défendu de parler jamais du procès qu'il a depuis près de soixante-dix ans (quand je dis lui, c'est son père et même son grand-père) avec les héritiers de la maison de Gercourt.

ALPHONSE.

Et c'est parce je vous l'ai défendu que vous continuez ?

COMTOIS.

Pour prouver à Monsieur que je n'ai rien oublié.

ALPHONSE.

J'ai en outre des raisons d'intérêt pour qu'on ne me sache pas à Paris ; ainsi, ne parlez ni de mon procès , ni de mon nom.

COMTOIS.

C'est dit. J'ai bien des défauts ; car qui n'en a pas ? à commencer par Monsieur. Mais j'ai cela de bon, quand on m'a recommandé une chose... Ainsi, ne pas parler du procès de Monsieur, ne pas dire que son nom de famille est Clerville...

ALPHONSE.

Eh bien ?

COMTOIS.

Et que le nom d'Alphonse qu'il a pris...

ALPHONSE.

Te tairas-tu ?

COMTOIS.

Ça fait que, quand j'ai enfoncé cela dans ma tête, je suis sûr de moi.

ALPHONSE.

Si tu y manques !

COMTOIS.

Pour n'y pas manquer, je vais répéter, si vous voulez : Ne pas dire...

ALPHONSE.

C'en est trop. Il me feroit tourner la tête. Tu es au fait. Suffit. (*A part.*) Tâchons de rejoindre Léonore.

(*Il sort.*)

A 4

SCÈNE III.

COMTOIS *seul.*

Suffit ! preuve qu'il est content de moi ! Suffit ! que ce mot est gracieux ! qu'il est doux pour un valet prévenant, attentif, de s'entendre louer comme cela en face ! Oh ! ce n'est pas la première fois ; pas plus loin que l'autre jour...

ARIETTE.

Je porte une lettre au Notaire ;
Il ne peut déchiffrer l'écrit :
Alors, moi, j'explique l'affaire....
Il me fixe en disant : Suffit.

Ce qui veut dire : Le valet intelligent ! Mais, mon bon ami, comment faites-vous donc pour raisonner si bien ? — Oh ! Monsieur est trop bon. Ce n'est qu'une misère. Et puis le zèle,... l'intelligence,... l'instruction... L'instruction ! ce mot le transporte !

Il se récrie, il m'applaudit.
Qui fait cela ? c'est mon esprit.

Je rencontre jeune fillette,
Et lui dis un mot de douceur ;
Ce mot fait rougir la pauvrette,
Qui me répond : Suffit, Monsieur.

Ce qui signifie qu'elle est enchantée de moi ; qu'elle admire certain langage, qui, joint à certaines façons, produit certain effet... qui... enfin....

On me regarde, on s'attendrit.
Qui fait cela ? c'est mon esprit.

Ainsi on contente son monde, on se marie, on prend une certaine Justine qui est bien la plus aimable personne... On a de petits enfans qui vous appellent mon petit papa, qui vous montent sur les genoux par-ci, qui vous grimpent sur les épaules par-là; l'un vous donne un petit soufflet sur cette joue-ci; l'autre...

SCÈNE IV.

COMTOIS, JUSTINE.

JUSTINE *lui donnant un petit soufflet.*

Sur celle-là.

COMTOIS.

Qui vive?

JUSTINE.

La récompense de tes services.

COMTOIS.

Je ne suis pas intéressé; j'aime mieux obliger pour rien.

JUSTINE.

I. COUPLET.

De vous plaindre auriez-vous l'audace ?
Sachez, monsieur le raisonneur,
Qu'en vous accordant cette grace,
Je vous fais beaucoup d'honneur.
De la main et de la personne
Vous devriez être enchanté ;
Jusqu'aux soufflets qu'elle vous donne ,
Tout est faveur chez la beauté.

2. COUPLET.

Quand on est aimable et jolie,
Vous attirer par des rigueurs,
Vous charmer par notre folie,
Par pitié régner sur vos cœurs;
N'avoir pour loi que son caprice,
Pour guide que sa volonté,
Le don de plaire pour justice;
Voilà les droits de la beauté.

COMTOIS.

Tu fais bien de m'en avertir ; je ne m'en souvenois plus.

JUSTINE.

Vous avez aussi oublié de venir m'aider ?

COMTOIS.

Non pas ; j'attendois...

JUSTINE.

Et moi je n'aime pas à attendre. Es-tu prêt ?

COMTOIS.

Toujours.

JUSTINE.

Tu trouveras dans la voiture de Madame un sac de papiers, des cartons à coiffures.... Ensuite....

COMTOIS.

Pourtant, consultons-nous. N'ai-je rien à faire auparavant ?

JUSTINE.

Comment ?

COMTOIS.

Oui, deux commissions pour mon maître.

JUSTINE.

Auparavant ?

COMTOIS.

Plus, trois petites visites pour mon compte.

JUSTINE.

Encore auparavant ?

COMTOIS *fouillant à sa poche.*

A propos.... c'est là l'essentiel... Et cette lettre....

JUSTINE.

Au moins, tu me rendras le service d'en porter une en même-tems.

COMTOIS.

Celle-ci est si pressée...

JUSTINE.

Tu ne porteras là mienne qu'après.

COMTOIS.

Mon maître attend la réponse.

JUSTINE.

On peut prendre des arrangemens. Si c'étoit à-peu-près dans le meme quartier ?....

COMTOIS.

Bah ! cela ne se peut pas.

JUSTINE *lui prenant la lettre.*

Voyons.

COMTOIS.

Cela ne se peut pas, vous dis-je.

JUSTINE *lisant l'adresse.*

Même nom... même rue... même n.º... Ah, ah, ah !..

COMTOIS.

Même nom, même rue, même n.º ; c'est comme un fait exprès.

JUSTINE.

Il falloit un hasard aussi extraordinaire pour détermi-
ner Monsieur. Je crois pourtant que cette fois-ci...

COMTOIS.

Oh ! cette fois-ci, je ne dis pas non. Mais deux
lettres au lieu d'une... N'importe , j'ai un foible pour
rendre service. Adieu ; je ne puis rien refuser à mes
amis.

JUSTINE.

C'est trop obligeant; mais j'entends ma maîtresse.
Dépêche-toi.

SCÈNE V.

LÉONORE, JUSTINE.

LÉONORE.

JE te cherchois , Justine. Mon logement est donc dé-
finitivement arrêté. Je puis enfin me promettre un peu
de repos. Je suis d'une lassitude.... Et toi, ma chère
Justine ?

JUSTINE.

Oh! moi , madame , l'habitude...

LÉONORE.

Quel changement étrange ! moi qui ne venois jamais à
Paris que pour y jouir des plaisirs variés qu'il renferme ,
y venir pour plaider... A vingt ans, quelle occupation !

JUSTINE.

Je conviens que ce tems pourrait être plus agréable-
ment employé.

LÉONORE.

Quand finiront toutes ces inquiétudes ? Bientôt, dit le desir : Bien tard, ajoute l'expérience.

RONDEAU.

L'eau qui fuit est l'image
Du bonheur de nos jours ;
Tout retient son passage,
Un rien trouble son cours.

L'ennui qui vous oppresse ,
Touche-t-il à sa fin ,
On voit l'espoir sans cesse
Remis au lendemain.

L'eau qui fuit , etc.

Quelle est notre existence ?
Un cercle de douleurs,
Si la frèle espérance
N'y jetoit quelques fleurs.

L'eau qui fuit , etc.

LÉONORE.

Plaider ! toujours plaider ! Et contre qui ? contre un parent que je n'ai jamais connu , et que je n'ai pas envie de connoître. Sa conduite avec moi...

JUSTINE.

Peut n'être pas si condamnable. Vous avez été trompée. Il peut l'avoir été comme vous.

LÉONORE.

Comme tu prends vivement son parti !

JUSTINE.

On le dit aimable.

LÉONORE.

Moi, je présume qu'il ressemble beaucoup à M. son

père , qui ne savoit que parler de ses propriétés , de ses droits , de sa haute et basse justice.

JUSTINE.

Le séjour des grandes villes vous a rendue difficile.

LÉONORE *avec cette manière de sentir.*

Que veux-tu , mon enfant? on a plus de peine à rencontrer ce qui plaît, pense, s'exprime comme nous, semble n'exister que par les rapports qui lui sont communs avec nous ; mais aussi , quand on le rencontre , on sait l'apprécier bien davantage.

JUSTINE *avec attention.*

A propos de cela , madame , ce M. Alphonse qui vous a rendu un si grand service , qui a mis dans ses soins tant de zèle et de délicatesse , qu'en dites-vous ?

LÉONORE.

Tu me fais rire.

JUSTINE.

'Enfin ?

LÉONORE.

Un homme que j'ai vu pour la première fois... Il n'y a pas huit jours... que je ne reverrai probablement jamais , dont j'ignore les mœurs , les liaisons....

JUSTINE.

Il paroît bien honnête....

LÉONORE.

La famille... le nom même... Car je ne le connois que sous celui d'Alphonse , que je soupçonne n'être pas le sien. Plus d'une fois j'ai cru remarquer que mes questions l'embarrassoient.

JUSTINE.

Il a un air distingué, vif, mais sensible, la tête un peu légère, mais le cœur excellent; en un mot, c'est un véritable Français.

LÉONORE.

Mais cette affectation de ne rien laisser échapper de ce qui le concerne, de se renfermer dans ce nom d'Alphonse...

JUSTINE.

N'a-t-il pas le même reproche à vous faire? Vous semblez avoir oublié vous-même votre nom de Gercourt.

LÉONORE.

Il n'a pas les mêmes raisons que moi.

JUSTINE.

Que savez-vous ?

LÉONORE *avec réflexion.*

Enfin, on devinera peut-être... Mais sur-tout, le secret sur mes affaires. Tu sais, Justine, que c'est à ce prix que j'attache mon amitié pour toi.

JUSTINE *bas.*

Elle est bien heureuse que ce soit quelque chose d'aussi essentiel que son amitié !

LÉONORE *après avoir rêvé long-tems.*

Il faut convenir, Justine, que mon aventure a quelque chose de romanesque qui me plaît.

JUSTINE.

Et à moi aussi, madame. Les comédies et les romans sont ma folie; ce que j'en aime sur-tout, c'est presque toujours le dénouement.

D u o.

L é o n o r e.

Ce jeune homme a de la figure.

J u s t i n e.

Par-là le roman s'embellit.

L é o n o r e.

Il ne manque pas de tournure.

J u s t i n e.

Par-là le roman s'ennoblit.

L é o n o r e.

Ce n'est pas qu'il ait su me plaire.

J u s t i n e.

C'est là sur-tout qu'est le roman.

L é o n o r e.

Chaque jour me rend plus sévère.

J u s t i n e.

Ce n'est pas là le dénouement.

É l é o n o r e.	J u s t i n e.
Non, non, il n'a point su me plaire,	Enfin il n'a point su vous plaire ;
Et cela n'est point un roman.	C'est là que je vois le roman :
Quand on paroît toujours sévère,	On a beau se montrer sévère ,
On ne craint point le dénouement.	Il faut venir au dénouement.

L é o n o r e.

J'entends du bruit de ce côté ; c'est peut-être Alphonse, je me retire.

SCÈNE VI.

SCÈNE VI.

JUSTINE, COMTOIS, *apportant cartons, etc.*

COMTOIS.

Ouf !

JUSTINE.

Tu as fait cet effort : et tes commissions, tes visites ?

COMTOIS

Cela ne presse plus.

JUSTINE.

Je savois bien que tu te rendrois utile.

COMTOIS.

Ce n'est pas tout ; et la lettre donc que j'ai remise tout de suite après celle de mon maître.

JUSTINE.

Cela ne t'a pas beaucoup fatigué.

COMTOIS.

Tiens, voilà tes cartons ; ce n'est pas le plus lourd. Pour ce sac à papiers, c'est différent. Est-ce que ta maîtresse a été femme de quelque président ?

JUSINE *mystérieusement.*

Cela se pourroit bien.

COMTOIS.

Ce ne seroit peut-être pas malheureux pour nous, ou du moins pour mon maître.

B

JUSTINE.

Pour ton maître !

COMTOIS.

Chut !

JUSTINE.

Que dis-tu ?

COMTOIS.

Ce n'est pas moi qui ai parlé ; c'est toi qui disois.....

JUSTINE.

Je n'ai rien dit.

COMTOIS.

Ni moi non plus.

JUSTINE.

Ton maître est-il marié ?

COMTOIS.

Marié ! à vingt-deux ans ! un étourdi !

JUSTINE.

Raison de plus pour faire une sottise.

COMTOIS.

Se marier, c'est donc faire une sottise ?

JUSTINE.

Cela dépend. Je lui souhaiterois une femme comme ma maîtresse.

COMTOIS.

C'est un bon parti.

JUSTINE.

Oui.

COMTOIS.

Elle sera riche.

JUSTINE.

Ce n'est pas le mot.

COMTOIS.

Elle l'est à présent ?

JUSTINE.

Non ; mais....

COMTOIS.

Hum !.... voilà qui est singulier.

JUSTINE.

Je m'entends.

COMTOIS.

Je m'entends aussi. Cela me fait faire une réflexion. Je ne me soucie pas que mon maître épouse
Léonore.

JUSTINE.

Il a beaucoup de terres , peut-être ?

COMTOIS *avec dédain.*

Qu'est-ce que c'est que des terres , Mademoiselle ?

JUSTINE.

De grandes propriétés.

COMTOIS.

Vous n'y êtes point.

JUSTINE.

Ni terres ni propriétés. Des successions donc ?

COMTOIS.

Des successions ! fi ! est-ce que c'est du solide cela
des successions ?

JUSTINE.

Je m'y perds. Quoi donc enfin ?

COMTOIS.

Un bon , un excellent pr.... (*A part.*) A propos , il
m'est défendu d'en parler.

JUSTINE *à part.*

J'entrevois du mystère. Je saurai tout.

COMTOIS.

Tiens, laissons tout cela. Parlons plutôt de nous, de nos petits intérêts, de cette sympathie qui, comme celle de nos maîtres......

JUSTINE.

Il y a peut-être aussi des choses qu'il ne faut pas dire.

COMTOIS.

Disons toujours.

JUSTINE.

Une femme aime la toilette,
Et passe pour être coquette,
Cela se dit encor tout bas ;
Mais pour briller bien davantage,
Un ami lui prête.... sur gage....
Voilà ce qui ne se dit pas.

COMTOIS.

Si la jalousie est extrême,
C'est une preuve que l'on aime,
Cela se dit encor tout bas.
Après l'hymen l'amour se passe,
L'humeur jalouse prend la place,
Voilà ce qui ne se dit pas.

JUSTINE.

L'époux est-il d'humeur jalouse,
Je m'en vengerai, dit l'épouse,
Cela se dit encor tout bas.
Mais pour ne perdre rien au change,
La façon dont elle se venge,
Voilà ce qui ne se dit pas.

COMTOIS.

Eh bien, puisqu'il est des choses que l'on peut dire, tu sauras......

SCÈNE VII.

LES PRÉCÉDENS, ALPHONSE.

ALPHONSE.

ENCORE ensemble !

COMTOIS *bas.*

Qu'il arrive à propos !

ALPHONSE *à Comtois.*

A-t-on porté ma lettre ?

JUSTINE.

Votre lettre ? Oui, Monsieur, et celle de ma maîtresse aussi ?

ALPHONSE.

Soupçonneroit-elle ?... (*A Comtois.*) Ma lettre pour Ariste.

JUSTINE.

Pour Ariste, n'est-ce pas ? et celle de ma maîtresse aussi. Je commence même à deviner qu'une affaire d'intérêt....

ALPHONSE.

Je n'entends rien à cette plaisanterie. M. Comtois a jasé.

JUSTINE.

Il ne m'a rien dit.

ALPHONSE.

Qui vous a donc si bien instruite ?

JUSTINE.

Vous-même, et à l'instant. Je ne savois rien auparavant.

ALPHONSE.

C'est bon. Et toi, maraud, pourquoi ne réponds-tu pas ?

COMTOIS.

Oh ! moi, Monsieur, je connois mon monde, et j'ai pour principe que, lorsqu'on est avec une femme, il faut lui laisser la parole. Mais une autre fois...

ALPHONSE.

C'est assez. J'entends Léonore.

SCENE VIII.

LES PRÉCÉDENS, LÉONORE.

LÉONORE.

JUSTINE, vous ne m'avez pas dit si l'on a porté ma lettre ?

COMTOIS *se pressant de répondre.*

Oui, Madame, c'est moi-même qui l'ai portée chez M. Ariste en même-tems que celle de Monsieur.

LÉONORE.

Que celle de Monsieur !

ALPHONSE.

Le sot ! te tairas-tu ?

COMTOIS.

Oui, Madame, oui, Monsieur.

LÉONORE *à Justine.*

Sortez.

ALPHONSE *à Courtois.*

Qu'on nous laisse.

COMTOIS.

Oui, Madame, oui, Monsieur.

JUSTINE *en sortant.*

Je ne sais encore rien de positif. Mais...

SCÈNE IX.

LÉONORE, ALPHONSE.

LÉONORE.

ENFIN, Alphonse, me voici à Paris, graces aux dangers que vous avez courus pour moi. Le saisissement que j'ai éprouvé, les distractions d'une route agréable, tout a éloigné bien des questions qu'à titre de femme, j'ai le droit de vous faire la première sur les motifs de votre voyage.

ALPHONSE.

Madame....

LÉONORE.

Cette lettre me feroit croire que des raisons d'intérêt....

ALPHONSE.

J'ai cru aussi m'appercevoir....

LÉONORE.

Vous ne vous êtes point trompé. J'ai recommandé, il est vrai, le plus grand secret sur mes affaires; mais ce seroit une espèce d'ingratitude de ma part, s'il s'étendoit jusqu'à vous. Un procès...

ALPHONSE.

Est-il possible ?

LÉONORE.

Et vous ?

ALPHONSE.

Je ne dois donc plus vous en faire un mystère. Un procès également...

LÉONORE *riant.*

En vérité.

ALPHONSE.

Ah, Madame ! après tant de rapprochemens que j'ai cru démêler entre votre position et la mienne, en voici encore un d'une espèce assez bizarre. Laissez-moi, oui, laissez-moi me flatter qu'il y a un peu de sympathie entre nous deux.

LÉONORE *embarrassée.*

Si cela est.... puis-je l'empêcher ? Au reste, je suis enchantée que vous ayez fait choix d'Ariste. On en dit beaucoup de bien. Mais Alphonse, contre qui plaidez-vous ?

ALPHONSE.

Contre une parente, la plus exigeante des femmes. Et vous ?

LÉONORE.

Contre un cousin, l'homme le plus injuste.....

ALPHONSE.

Plaider contre la beauté, la vertu ! quel aveuglement ! Un pareil homme ne mérite aucuns égards. Vous ferez bien de ne le pas ménager.

LÉONORE.

Quand je compare sa conduite avec la vôtre, quelle différence, Alphonse !

ALPHONSE.

J'ai fait ce que tout galant homme eût fait à ma place.

LÉONORE.

Non , tout autre n'y eût pas mis ces grâces , cette amabilité plus touchante que le service même.

ALPHONSE.

Est-ce donc un si grand mérite ? Je suis né sensible , je ne m'en defends pas. Je vous l'avouerai même , Léonore , j'étois prêt à céder à cette parente une partie de mes droits : mais depuis que je vous ai connue , frappé du contraste qui existe entre son caractère et le vôtre , je n'ai plus éprouvé que le besoin de la haïr, de vous aimer... Trop heureux si un jour le gain de mon procès....

LÉONORE *l'interrompant en riant.*

Nous avons assez du présent , sans nous occuper déjà de l'avenir.

ALPHONSE.

Vous le voulez, je me tais. J'ai fait la découverte d'un contrat qui lui donnera matière à de mûres réflexions.

LÉONORE.

Malheur au petit cousin. J'ai de puissantes protections qui dérangeront ses calculs.

ALPHONSE.

Et ce voyage de Paris entrepris sans qu'elle s'en doute.

LÉONORE.

Et moi qui ai pris toutes mes précautions pour m'y rendre à son insu (*A part.*) Je serois assez curieuse de connoître sa parente.

ALPHONSE.

Quelle espèce d'homme est-ce donc que votre cousin?

LÉONORE *avec gaîté*.

Il me prend fantaisie de vous esquisser son portrait.

ALPHONSE *de même*.

Soit, à charge de revanche.

LÉONORE *à part*.

J'en sais assez sur son compte pour ne pas m'y tromper.

ALPHONSE *à part*.

Je n'ai pas besoin de l'avoir vue pour la peindre d'après nature.

LÉONORE.

Sans goût et sans délicatesse,
C'est un petit provincial,
Gauche, ennuyeux, plein de rudesse,
Se piquant d'être original ;
Des moindres égards incapable,
Ne sachant rien sacrifier ,
Ne sachant jamais se plier
Aux desirs d'une femme aimable.

ALPHONSE.

Ah ! quel portrait
Vous m'avez fait
De cet objet !
Quoique j'ignore
La vérité,
Connoissant bien votre bonté ,
Et sur tout votre humanité ,
Je juge encore
Qu'il est flatté.

Voici celui de ma parente :

C'est une femme impérieuse,
Qui ne cherche qu'à dominer ;
Une belle capricieuse,
Qui ne sait pas se gouverner :
Fière, coquette , acariâtre,
Elle ne vous cède jamais ,
Et veut de ses foibles attraits
Que l'on soit toujours idolâtre.

LÉONORE.

Ah! quel portrait, etc.

ENSEMBLE.

Ah! quel portrait, etc.

SCÈNE X.

LES PRÉCÉDENS, COMTOIS.

COMTOIS *accourant.*

MONSIEUR, il est là.

ALPHONSE.

Qui ?

COMTOIS.

Ce Monsieur que vous m'avez envoyé chercher.

LÉONORE *à Alphonse.*

Je vous laisse.

ALPHONSE.

J'entre dans mon cabinet chercher des titres néces-
saires, et je le rejoins à l'instant. Mille pardons, charmante Léonore.....

LÉONORE *en sortant.*

Qu'il est aimable !

ALPHONSE.

Aussi enjouée que sensible, est-il femme plus ac-
complie !

SCÈNE XI.

ARISTE, COMTOIS.

COMTOIS.

MONSIEUR, vous pouvez entrer. Monsieur a dit...
Je ne me rappelle pas bien ce qu'il a dit, mais c'est
égal.

ARISTE.

Je vous remercie toujours de la bonne volonté.

COMTOIS *faisant l'entendu*.

C'est Monsieur, je vois, qui est chargé des affaires
de mon maître. Eh bien, Monsieur, qu'en dites vous?
parlez-moi franchement là..... à moi...... Pas mauvaises, n'est-ce pas? pas mauvaises ; et puis d'ailleurs
elles sont en si bonnes mains.

ARISTE.

Faites-moi le plaisir de vous retirer.

COMTOIS.

C'est singulier ! il n'aime pas la conversation ce
Monsieur-là.

SCÈNE XII.

ARISTE *seul*.

JE ne reviens pas de ma surprise. Un jeune cavalier et
une jeune veuve plaident ensemble ; tous deux me con-
fient leurs intérêts , tous deux m'adressent une lettre à-
peu-près semblable , qui m'est remise par la même personne ; ils sont logés dans le même hôtel , sans le savoir ;
se plaignent l'un de l'autre , quoique peut-être le mieux
du monde ensemble, sans s'en douter..... C'est trop
risible ! Un jeune officier de vingt-deux ans , vif et ai-
aimable , dans un état de guerre perpétuel avec une jeune
veuve de vingt ans , cela crie vengeance !

ARIETTE.

Jeune homme , à l'amabilité
Joignez encore un cœur sensible :
Le ciel n'a point fait la beauté
Pour trouver un juge inflexible.

Quel front peut s'armer de rigueur
Près d'une aimable enchanteresse,
Dont les droits sont dans notre cœur,
Et les armes dans sa foiblesse !

SCÈNE XIII.

ALPHONSE, ARISTE.

ALPHONSE.

PARDON, Monsieur, de vous avoir fait attendre.

ARISTE.

Du tout.

ALPHONSE.

Et nos affaires ?

ARISTE.

J'ai trouvé votre cause la meilleure du monde.

ALPHONSE.

Vous m'enchantez. Quand nous juge-t-on ?

ARISTE.

Ne vous pressez pas.

ALPHONSE.

Pourquoi ?

ARISTE.

Parce que vous perdrez.

ALPHONSE.

Quoi ? toutes mes espérances, toute ma fortune. . . .

ARISTE.

Vous perdrez, vous dis-je.

ALPHONSE.

Ce n'est pas ce que vous m'annonciez d'abord, Monsieur.

A R I S T E.

Mais aussi de quoi vous mêlez-vous de plaider contre une solliciteuse charmante, pleine de grâces : deux beaux yeux remplis de larmes en disent beaucoup : croyez-moi, cette éloquence-là vaut mieux que la nôtre.

A L P H O N S E *montrant un papier.*

Voici un contrat plus éloquent encore , et qui décide victorieusement en ma faveur.

A R I S T E *le parcourant.*

Cette preuve est sans replique : il ne me reste plus qu'à plaindre cette aimable veuve qui s'est adressée à moi avec tant de confiance.

A L P H O N S E.

Comment, Monsieur ?

A R I S T E.

Vous êtes sûr de gagner, vous dis-je : mais cette jeune dame arrivée ici de ce matin.....

A L P H O N S E.

De ce matin !..... Quoi ! de ce matin !..... Quelle foule d'idées à-la-fois ! . . . Cette lettre remise en même-tems que la mienne ! . . . Ces confidences de Léonore ! . . . Que je suis malheureux, si mes soupçons sont vrais !

A R I S T E.

Je ne vous conçois pas. Désolé à l'instant, dans la crainte de perdre ; à présent désespéré d'avoir gagné.

A L P H O N S E *vivement.*

Répondez. Ne vous a-t-elle pas écrit en même-tems que moi ?

A R I S T E.

Oui , Monsieur,

ALPHONSE.

Ne loge-t-elle pas ici ?

ARISTE.

Oui, Monsieur.

ALPHONSE.

C'est donc elle ? (*A part.*) Et ce portrait odieux!..
Je suis perdu !....

ARISTE.

Qu'avez-vous donc fait ?

ALPHONSE *marchant à grands pas.*

Prodiguer les épithètes les plus offensantes..... cela
ne me coûtoit rien du tout, et encore je m'applaudissois.
Comment faire à présent?.... (*Après avoir rêvé.*) Rendez-moi ce contrat, Ariste, rendez-moi ce contrat.

ARISTE.

Il n'est plus en vos mains : il appartient à la justice.

ALPHONSE.

Je veux voir si mes droits sont aussi certains, aussi
sacrés.... Ariste, rendez-le-moi.

ARISTE.

N'est-ce que cela ? Voyez.

ALPHONSE.

O ciel ! je te rends grace de m'avoir au moins conservé
ce seul moyen de réparer mes torts. (*Il déchire le
contrat.*)

ARISTE.

Que faites-vous ?

ALPHONSE.

Ce que je dois à sa foiblesse, à son sexe et à ses
charmes !

ARISTE.

Vous avez fait-là une belle action.

ALPHONSE.

J'en ai fait une bonne au moins , et je le sens à la sa-
tisfaction que j'éprouve.

ARISTE.

A présent je ne réponds plus de votre procès.

ALPHONSE.

Je ne m'attendois pas au plaisir de le gagner si bien.

ARISTE.

Vous allez être ruiné.

ALPHONSE.

Oui...mais j'enrichis Léonore !

DUO.

Ma Léonore à ton repos
Je voudrois m'immoler moi-même :
Je sens que le plus grand des maux
Est d'affliger ce que l'on aime.

ALPHONSE.	ARISTE.
Oui , j'éprouve qu'à ce projet	Feignons de combattre ce projet ;
Je gagne bien plus qu'on ne pense:	Que j'approuve plus qu'il ne pense ;
Oui , faire accepter un bienfait,	Mais forçons l'auteur du bienfait
C'est jouir de sa bienfaisance.	A jouir de sa bienfaisance.

ALPHONSE

Concevez-vous tout mon bonheur ?
Faire du bien à ce que j'aime :
Enfin , enrichir mon vainqueur,
Ce sera m'enrichir moi-même.

ALPHONSE.	ARISTE.
Ma Léonore , à ton repos	Craignez un transport imprudent ;
Je voudrois m'immoler moi-même :	L'amour n'est pas toujours extrême ;
Je sens que le plus grand des maux	On fait tout au premier moment,
Est d'affliger ce que l'on aime.	Moins au second, rien au troisième.

NOTA. *On peut supprimer le* duo *et l'arriete précé-
dente.*

ALPHONSE

ALPHONSE *avec chaleur.*

Pardonne, ô Leonore! je te dépouillois comme mon
ennemie, pour t'accabler de biens comme mon amante;
et c'est pour t'avoir trop aimée que je te poursuivois avec
tant d'acharnement. (*A Ariste.*) Vous voyez, Ariste, ce
que je crains, ce que je veux. Vous ne savez pas combien la
discrétion m'est nécessaire : si vous dévoilez mon secret....
si vous dites un mot.... je perds le fruit de mon repentir.
J'entends du bruit. Je compte sur vous. Adieu. (*Il sort.*)

ARISTE *à part.*

Le jeune homme est amoureux. Découvrons s'il est
aimé.

SCENE XIV.

LÉONORE, ARISTE.

LÉONORE.

Ah! c'est vous, Monsieur! on ne m'a pas trompée.
J'étois empressée de m'entretenir avec vous.

ARISTE.

Madame, je dois vous parler avec franchise. Votre
cause, qui, d'abord me paraissait douteuse, se présente
depuis un moment sous un aspect plus favorable; un contrat
qui déposoit fortement contre vous ne subsiste plus.

LÉONORE.

Vous m'étonnez! mais enfin vous regardez l'affaire....

ARISTE.

Comme terminée à votre avantage.

LÉONORE.

A-la-bonne-heure. (*Négligemment*) J'ai appris que

C

vous étiez aussi chargé des intérêts d'un jeune officier
qui....

ARISTE.

Qui loge en cet hôtel.

LÉONORE.

Oui. Est-il aussi heureux ?

ARISTE.

Mais, Madame...

LÉONORE.

Oh! ce n'est pas curiosité, mais je serois bien aise
d'apprendre s'il a aussi l'espoir de gagner son procès.

ARISTE *froidement*.

Non, Madame, il l'a perdu.

LÉONORE *vivement*.

Il l'a perdu! (*se reprenant.*) Ah ! j'en suis fâchée.

ARISTE *avec intention*.

Que voulez-vous? Mais parlons de ce qui vous concerne.

LÉONORE.

Oui... oui... Mais par quelle fatalité ce jeune homme
a-t-il perdu sa cause? il la croyoit si bonne...

ARISTE *id*.

Il avoit des droits en effet. Mais vous oubliez toujours, Madame, que c'est de votre intérêt qu'il s'agit
ici.

LÉONORE.

C'est vrai ; je l'avois perdu de vue. Mais comment se
peut-il que le sort qui m'est si favorable, lui soit si con-
traire? Quoi ! lorsque je gagne ma cause...

ARISTE *avec l'intention la plus marquée*.

Vous voulez qu'il gagne aussi la sienne ; et moi, je
vous dis que c'est la chose impossible ; ne me demandez
rien de plus : adieu, Madame. (*Il sort*).

SCENE XV.

LÉONORE seule.

Que dit-il ?... L'ai-je bien entendu ?... Rappelons-le...
Il est déjà loin.... Ce peu de mots d'Ariste... Son em-
barras... Tout me porte à croire... Il se pourroit qu'Alphonse... Et ce portrait ridicule que j'écoutois avec tant
de complaisance , seroit le mien !..... Ah ! ah ! que de
folies !.... Je suis pourtant piquée qu'il mait traitée aussi
légèrement... Mais ses droits étoient fondés ; ils ne
subsistent plus... je vois tout.

RÉCITATIF.

Alphonse , comme on m'a trompée !
On a surpris ma bonne foi.
Ton ame de plaire occupée ,
Seroit-elle injuste envers moi ?
O reproche peu légitime !
Ces torts sont le fruit de l'erreur.
Ai-je droit de t'en faire un crime
Lorsqu'ils ne sont pas dans ton cœur ?

Soi-même on s'aveugle peut-être.
Non , l'homme n'est pas si méchant
Qu'il peut quelquefois le paroître.
On s'abhorre.... faute souvent
De s'entendre ou de se connoître.
Cédons au plus doux des besoins,
Qui des mortels fut le partage ;
Croyons qu'ils se haïroient moins,
S'ils se connoissoient davantage.

Il vient. Sachons au juste ce qui en est.

SCENE XVI.

LÉONORE, ALPHONSE.

LÉONORE.

Ah ! c'est vous, Alphonse ; vous paraissez moins inquiet que ce matin.

ALPHONSE.

Comment n'être pas heureux quand on revient auprès de vous ?

LÉONORE.

Vous voilà ! toujours de jolies choses à dire, ou de belles actions à faire.

ALPHONSE.

Vous me jugez trop favorablement, pour que je ne craigne pas de vous voir bientôt détrompée.

LÉONORE.

Détrompée ! eh comment? En vous connoissant mieux je ne puis apprendre qu'à vous estimer encore plus ; je le crois au moins.

ALPHONSE.

Vous me connoîtrez, Madame, vous me connoîtrez, et c'est ce que je crains.

LÉONORE.

Que voulez-vous dire ?

ALPHONSE *à part.*

Elle ne sait rien.

LÉONORE *à part.*

C'est lui ! portons les premiers coups. (*Haut.*) J'apprends que ce parent... ce cousin dont je vous ai fait un portrait si aimable.... Vous vous rappelez....

ALPHONSE.

Oui, Madame, je me rappelle.... Eh bien?

LÉONORE.

Eh bien, j'apprends qu'il est ici... Que cet homme qui m'est... qui doit m'être si odieux...

ALPHONSE *à part.*

O ciel !

LÉONORE *continuant.*

Suit par-tout mes pas, et semble épier toutes mes démarches... Que me conseillez-vous, Alphonse, que dois-je faire ?...

ALPHONSE.

Moi, Madame ! je ne vous conseille rien.

LÉONORE.

D'après ce que vous me disiez tantôt, je croyois que je ferois bien de ne pas le ménager...

ALPHONSE.

Ah ! j'ai dit cela.. (*Bas.*) C'étoit bien adroit de ma part.

LÉONORE.

Et comme je ne doute pas qu'il ne me déteste... qu'il ne cherche même à me persécuter, je suis déterminée plus que jamais à lui rendre la pareille : qu'en dites-vous ?

ALPHONSE.

La pareille ! oui, Madame, c'est bien mon avis.

LÉONORE.

J'y aurai égard. Parlons maintenant de ce qui vous intéresse... de votre procès...

ALPHONSE *négligemment.*

Mon procès : il n'y faut plus penser ; il est perdu.

LÉONORE.

Vous m'en parlez avec une indifférence qui me surprend. L'inquiétude bien naturelle de le perdre, vous rendoit, depuis quelque tems, rêveur et mélancolique... Je l'ai vu... vous ne pouvez le nier ; et la certitude de l'avoir perdu, vous rendroit aujourd'hui presque joyeux ; je n'en crois rien.

ALPHONSE.

Je vous proteste, Madame...

LÉONORE.

Ceci cache quelque mystère ; à moins que l'idée romanesque d'enrichir à ses dépens sa partie adverse, de se sacrifier pour une plaideuse intéressante...

ALPHONSE.

Quand cela seroit ?...

LÉONORE.

Oui, mais cela n'est pas, cela ne peut être ; j'ai bonne mémoire. Je sais très-positivement, puisque vous êtes mon auteur, que cette parente est un composé de défauts, d'imperfections.

ALPHONSE.

D'imperfections ! c'est une imposture.

LÉONORE.

D'où le savez-vous ? vous m'avez dit que vous ne la connoissiez pas.

ALPHONSE *embarrassé.*

Etourdi !

LÉONORE.

(*A part.*) C'est lui ! c'est bien lui ! (*Haut.*) Je n'ai point oublié, moi, la manière dont vous l'avez peinte.

ALPHONSE.

Supposez à votre tour que ce parent ne soit point tel que vous l'avez dépeint vous-même ; car je me rappelle aussi son portrait.

ENSEMBLE.

LÉONORE.	ALPHONSE.
C'est une femme impérieuse	Sans goût et sans délicatesse,
Qui ne cherche qu'à dominer ;	C'est un petit provincial,
Une belle capricieuse,	Gauche, ennuyeux, plein de rudesse,
Qui ne sait pas se gouverner.	
Fière, coquette, acariâtre,	Se piquant d'être original :
Elle ne vous cède jamais,	Des moindres égards incapable.
Et veut de ses foibles attraits	Ne sachant rien sacrifier,
Que l'on soit toujours idolâtre.	Ne sachant jamais se plier
	Aux desirs d'une femme aimable.

Ah ! quel portrait
Avois-je fait
De cet objet !
Combien j'abhorre
Ma cruauté.

Je vois en lui candeur, bonté,   Je vois en elle esprit, bonté,
Franchise aimable, humanité.   Graces douceur, humanité.

Jugez encore
S'il est flatté.

ALPHONSE.

Se peut-il, Léonore, que vous trouviez en lui de si heureuses qualités ?

LÉONORE.

Si elles y sont ?

ALPHONSE *avec finesse.*

Qui vous l'a dit ? Vous oubliez à votre tour que vous ne le connoissez pas.

LÉONORE.

Pas plus que vous ne connoissez votre parente.

ALPHONSE.

Ah, Léonore ! pourrez-vous me pardonner ?

LÉONORE.

Je vous ai rendu la pareille. N'étoient-ce pas nos conventions ?

SCENE XVII et dernière.

LES PRÉCÉDENS, JUSTINE, COMTOIS.

JUSTINE *à Léonore.*

Que vois-je ?... Mais, Madame, c'est le petit cousin...

COMTOIS *à Alphonse en même-tems.*

Que faites-vous, Monsieur ? c'est votre cousine.

ALPHONSE.

Je le savois, et si un nom plus doux pouvoit encore m'être permis...

LÉONORE.

Votre générosité, que vous me déguiseriez envain, ne vous donne-t-elle pas tous les droits sur mon cœur ?

COMTOIS.

Sa générosité !... Cela me donne aussi l'envie de faire une belle action. Justine, ce que je possède et rien c'est la même chose ; mais je te le donne..

JUSTINE.

Je serai aussi généreuse que toi, je t'en livre autant.

COMTOIS.

Eh bien, nos enfans n'auront point de procès pour la succession.

VAUDEVILLE.

ALPHONSE à Léonore.

Vous le voyez, il faut, ma chère,
Qu'amour fasse ici tous les frais,
Mais permis au dieu du mystère,
D'en exiger les intérêts.
Près d'un siècle, ô ma Léonore !
Puissions-nous payer ses bienfaits,
Et répéter long-tems encore....
Ah ! j'ai bien gagné mon procès.

JUSTINE.

Madame, une autre fois, je pense,
Ne m'accusera plus d'erreur ;
On doit peu se flatter d'avance,
Quand pour juge on n'a que son cœur.
Ne nous laissant aucun refuge,
L'amour qui rit de nos projets,
Commence par gagner le juge,
Afin de gagner son procès.

LÉONORE au Public,

L'auteur de cette bagatelle
N'est pas sans crainte en ce moment ;
Sur ce foible essai de son zèle,
On va porter un jugement.
Quel est donc ce juge suprême
Qui va prononcer ses arrêts ?
Vous... l'avocat, encore vous-même,
Faites lui gagner son procès.

FIN.

241